통영바다

실천시선
113

통영바다

최정규

실천문학사

차례

제1부 | 이 갱물로

어느 것 하나라도	13
마동배꾼	15
목청 높은 깃발만	17
탁한 물빛으로	18
마지막 숨결	19
미륵산 참꽃	20
얼룩진 바다	21
해거름 속에	22
하얀 밤꽃 내음이	23
맥 빠진 얘기만	25
빈 고기터	27
둘도 없는 젖줄	29
찬 빗방울만	31
제 몸 하나라도	32
정필이 영감	33
어느 인심 찾아	34

제2부 | 응어리 갯바람

속앓이 바다	39
쭉정이 이야기	40
땀 값	42
물 먹은 종이배	44
두 시인	46
냉이꽃조차	47
들물 날물 타고	49
잠 못 이루는 눈매	50
알울음 바다	51
꺼지지 않는 등댓불	52
앓는 세상까지	54
알밤 같은 정을	55
돌비늘 틈새로	56
갯가 오후	57
일그러진 표정만	59
밤 밝히는 눈꽃	60

제3부 | 두룡포 영원한 삶의 터전이여

곰탁 곰탁마다	63
물때 맞추어	64
산딸기	66
바닷가 텃새들	68
학꽁치 되어	69
뻐꾸기 소리만	71
물 반 고기 반	72
고향 속의 고향	73
만천 가지 요람	75
갯바람 한 자락	78
모두 한별 속에	80
통영장날	81
참깨바람	83
새벽 갯꽃	84
판굿 한마당	86
뱃고동 소리에	88

제4부 | 토박이 지킴이들

소금알	93
문돌이 아범	95
꿈 한 자리	97
늙은 주름만	99
덕례 양반	101
앞바다 지킴이들	103
통영아지매	105
배목수 남수	107
부둣가 앉은뱅이	109
한 그물코로	110
산중 아재요	111
토박이 사투리	113
앞소리꾼 녹두반장	115
통영가락	117
몽당붓 끝에	119
강구안 연꽃	121
간창골 벅수만은	123

제5부 | 뭍을 향한 돌다리

긴 그림자만	127
목마른 섬마을	129
서럽다 서럽다 해도	130
부리동이까지	131
떠다니는 울음	133
옥토 같은 바다라면	135
도시 독버섯	137
목덜미 잡힌 채	138
멈출 수 없는 내림	139
새순 같은 얼굴들	140
내 낚시 이늘 끝에도	142
객지 입심에	144
딸따니 예슬이	146
내 얼레에	148
새벽별	150
섣달 그믐날	151
해설·시인의 말	155

제1부 — 이 갱물로

어느 것 하나라도
통영바다 1

경상도 통영 갱물이
조릿대 타고
섬진강 오르면

전라도 진안에서
첫눈 뜬 샘물이
은어 등에 업혀
청정한 바다로 헤어나와

이날 이때까지
본심대로 사는 이들을
잘도 품어주었기에
첫손 꼽는 안태본* 아니던가

어느 것 하나라도
목 조이고 짓밟고는

---

* 태중에 있을 때부터의 본관을 말함.

성하게 살 수 없는데

섬진강 물로
찻물 끓이지 못하고
통영 갱물로
바닷물고기 키울 수 없다면
발 붙이고 살 곳
다시 있으랴

마동배꾼
통영바다 2

낚시꾼들의 빤지르한 자가용이
갯가 젊은이들의 가슴속을
비집고 드나들면서부터
막걸리 소주잔은 맥주잔으로 바뀌고
갯비늘 묻어나오던 토박이 말씨는
합성세제 거품 속에 말라만 간다
고기터 손짓해 주고
객꾼들 뒤치닥거리하며
받아쥔 푼돈으로 밑자리 깔아 사는
늙은 배꾼의 속마음이야 편할 리 없건만
자식 새끼들 제 구멍 찾아나서 버리고
쌓아놓은 돈궤짝 없다보니
배운 것이 뱃일이요
아는 것이 고기 노는 곳이라
영영 물편 일에 등질 수야 있겠는가
고기상자 풀어내려 동산만큼 쌓던 자리에
자동판매기 설치되고 호화별장이

덩그러니 자리하고 있는 통영바다를
양지녘에 곱게 핀
노오란 배추꽃이 눈여겨보고 있다

목청 높은 깃발만
통영바다 3

물 때 맞추어 그물 놓으며
노 젓고 다니던 시절엔
골골마다 고기떼 귀한 줄 몰랐는데
어군 탐지기에 차 속력 내는 배까지 갖추고도
그물코에는 '적조'니 '백색병 기소현상'이니
'어패류 떼죽음'이라는
신문의 고딕체 활자만 건져지고 있다
정성들여 가꾸고 키우는 일이
뭍에 농사나 바다에 물일이나 다를 바 없을 텐데
조상 모시는 제사상에조차
병들고 오염된 물고기를
올려놓을 것 같아 맘 놓이지 않는다
선창가에는 몸 크고 목청 높은
가지가지 깃발들이
다투어 펄럭이고 있는데도

탁한 물빛으로
통영바다 4

물고기 헤엄치던 바닷가에
고층건물이 비집고 들어서면서
청비늘은 한 겹씩 벗겨지기 시작했고
조개 미역 커나던 물속에
색색가지 불빛이 꽂히면서
흔하게 나부끼던 만선기가
터진 입술 빨고 있다
대대로 생목숨 갖다바치며
일구어놓은 뱃길인데
탁한 물빛으로 지워져버려야 하나
기름덩어리와 쓰레기더미에 갇혀버린
고깃배들의 앓는 소리가
강구안*을 휩쓸고 있는 한낮

---

* 통영 항구를 뜻함.

마지막 숨결
통영바다 5

밀물에 떠밀려오던 물고기
살치기 노래에 실어
집집이 퍼담던 갱문가에
주름살 끼인 물결만이 하느작거린다

굴 꼬막 씨 받기 힘들어지고
고기터 잃어가는 판에
기름통 속에 갇혀 숨넘어가는 바닷새의
부릅뜬 저 눈망울에 묶여 벗어날 수 없다

동서남북 어느 바다고
내 바다 네 바다로
줄 그을 수 없듯이
가슴 깊숙이 안겨 있는 보금자리를
빼앗길 수는 없는 일이다

낳아주고 길러주며
명 이어주고 있는 마지막 숨결이여

미륵산 참꽃
통영바다 6

시달리고 떠밀리며 살다가도
원문고개만 넘어서면
피색이 달라지는 통영사람들
일찍부터 물길 열어
사람 모으고 배 불러모아
입 맞추고 살 비비며
청비늘 세우고 잘도 살아왔건만
뭍으로 헤어오는 고깃배들 뒤끓어지고
영롱한 푸른 바다가 생기 잃어가면
우리네 숨소리 어디서 머물게 될까
새순 내미는 끝으로
더덩구리져 피어오른 미륵산 참꽃이
목선의 지친 발목을 쓰다듬고 있다

얼룩진 바다
통영바다 7

젖 먹는 아이부터
탕수국 냄새 나는 웃어른들까지
바닷물에 명을 떼놓고 살아온 사람들
명경알같이 맑고 푸른 바다에
힘 좋은 굴착기로 벌건 황토흙을
한 차석 밀어넣을 때부터
혼도 함께 묻어버렸는지 모른다
지역개발과 해상종합기지를
들먹이며 앞세웠던 조감도는
공사주가 제 이익금만 챙겨간 자리에
바닷물만 썩고 있다는
원성의 소리로 얼룩지고 있다
기공식날 손손이 쥐어주었던 그 수건으로
병들어가는 우리의 몸을 닦아내야 하는
서글픈 어리석음을 안고
저녁 어스름에 울고 섰는 통영바다

해거름 속에
통영바다 8

물 위라 떠 있기는 해도
물고기 살 수 없는 바다에
배라고 떠 있겠나
'내 고장 내 바다 내가 살리자'는
어깨 넓은 현수막에
꺼멓게 타들어가는 바다의
거친 숨소리가 들락거린다
막 잡아올린 고기 놓고
밥주발에 소주 부어 잔 돌리던 손으로
넙치 우럭 방어 농어를 키워내게 되었지만
듣도 보도 못한 항생제와 발육촉진제가 뿌려져
살아오르는 바다를 뒤덮고 있다
눈여겨본 축양장 갈매기가 목을 놓아
끼룩끼룩 울어젖히는 해거름 속에
입항하는 고깃배를 보며
술집 여관이 손 내밀지만
어린 자식들이 통영바다 빛깔을
무슨 색으로 칠할까 두려워진다

하얀 밤꽃 내음이
통영바다 9

낙동강 하구 갈대밭
숨겨놓은 걸그물에
새까만 굴뚝 연기가
대롱거리며 매달릴 때

큰발개 갯가
통나무 의자 위에는
울긋불긋한
휴양지 시설물들이 얼렁거린다

들물 날물 속에
계절 몇 번 바뀌면
불러모은 관광객으로
이 바닥 메우겠지만

배 띄우고
낚시 고르며

그물 놓고 조개 잡던
저 손으로
이젠 무얼 띄우며
잡고 다듬게 될지

산비탈에서 퍼져나오는
하얀 밤꽃 내음이
움츠린 갈매기 깃 속에
스며들고 있다

맥 빠진 애기만
통영바다 10

명정골 정당 샘터에
물동이 붐비던 그날은
어판장마다 고기떼가 밀려와
금매기는 소리 끊이지 않았고
저녁 밥 위에 찐 우유가루 씹으며
오거리나 읍소 앞마당에 모여 앉아
흔들리는 화면 속에 푹 파묻히던 날은
물밑에서 캐온
멍게 해삼 고동 꼬막들로 수북수북 쌓여
잠수기 조합 마당을 뒤덮기도 했는데
계절 모르고 밤낮없이 북적거리던 어판장엔
좋은 시절 다 갔다는 맥 빠진 애기만
밀쳐둔 고기상자 속에 곧잘 쌓이고
보증수표 같았던 잠수기 어업선은
밀려온 폐수와 폐유 더미에 깔려
밭은 숨을 몰아쉰다
물가 인심 절로 솟던 통영바다 위에

대대손손 물려받은 고기집을
몽땅 깔아뭉개는 매립허가증이 넘실거리고

빈 고기터
통영바다 11

아파트보다
더 커보이는 참새가
하늘 떠받들고

숨듯이 붙박고 넝쿨 트는
보라색 나팔꽃이
남도 소리꾼인 양
활짝 펴보이는 날

바다 메워 터놓은 새길로
줄 잇는 기름냄새 자욱히 번지는데
떼지어 들락거리던 고기터엔
빈둥대는 땡볕만 어정거린다

물 공기 땅이 기력 잃고
이지러져가는 숨가쁜 시절

수산 동·식물 도감만을
아이들 앞에
남겨주어야 하는지

새로 지어올린
어판장 지붕 위에
뱃고동 소리 굴러다닌다

둘도 없는 젖줄
통영바다 12

불이 발갛 때부터
극장 포스터에 손대
풀통에 흰머리카락 담고서도
풀솔 끼고 살아온
풀칠쟁이 원길이 형
자기 것이라고는
시내 지정 벽보판뿐이다
그런데 어느 날 이 벽보판에다
강구안에서 물고기 노닐고
봉평 갯벌에서 조개 캐며
북신만에서는 철새가 찾아오고
돌멍게를 한 소쿠리씩 건져내며
서호 동호만에서는 만선기가
포구를 뒤덮고 있다는 초대 소식을 놔두고
갑자기 통영바다를 다 잃어버렸다는
어둡고도 핏발 선 벽보를
내다붙이고 다닐까 싶어

쪽빛 바다 원길이 형의 손끝을

다기차게 지켜보게 된다

세상에 둘도 없는 저 젖줄 앞에서

찬 빗방울만
통영바다 13

지리산 기슭 토막논 벼이삭이
물들어가는 은사시 잎새를
꼬옥 껴안던 날
굴어장 뗏목 밑에서는
통통히 알밴 도다리가 낚싯바늘을 피해
요리조리 숨어다녔다
냇가에 돌멩이조차 가을 빛에 잠겨
고운 모습 내보이는데
우리 바다 원평리 바닷가는
번져나오는 산폐물에 갇혀
씨고기들의 애달파하는 버둥거림 위에
찬 빗방울만 내리고 있다

제 몸 하나라도
통영바다 14

석란 풍란이 귀해지더니
그 흔했던 통대구 한 마리가
쌀 한 가마니와 맞바꾸게 되면서
낚시터가 따로 없던 통영바다에
물고기가 바닥났다는 소리가 퍼져나온다
성금 잘 내며 문화단체에까지
몸 얹고 살아온 그이가
하필 산업폐기물로 통영바다의
숨통을 짓눌렀으니 누구를 믿겠는가
연방 수산물 서식 부적합 판정이
청정했던 통영바다의 기세를 꺾어놓고
바다 오염 측정 눈금이 매년 위로 치닫는데
미나마타* 늪에 어린 원성 흘려 듣지 말고
제 몸 하나 통영바다 측정계가 되면 어떠리

---

* 일본에서 가장 아름다운 바닷가 도시였으나 환경오염으로 인해 최악의 공해병 도시로 일컬어짐.

정필이 영감
통영바다 15

하얀 눈으로 뒤덮인
항남동 동충 끝 물량장에는
몇 날 며칠째
장구통보다 더 큰
북양 삼치로 채워놓더니
오늘밤은 때늦은 겨울비가
온통 제 얘기만 꺼내놓고 있다
동호만 서호만의 곱디곱던 얼굴들이
어거지 바람 손끝에 헤프게 넘겨짐에
속앓이 병이 절로 생기고
이 핑계 저 핑계로
본래 피색을 잃어가는 모습 앞에
애달파하는 한숨소리가 예사롭지 않다
섬배들 훌훌 떠난 지 오래
안개 속에서도 제 집 안마당처럼 드나들던
저 앞바다 보듬고 밤잠 설치는
수륙터 정필이 영감

어느 인심 찾아
통영바다 16

거제섬 계룡산에서

달은 솟아나오고

꽃게 소금밭엔

갈대 줄기 드리울 때

힘센 어금니에 끼인 앞바다는

그저 숨죽이고 있다

물때 따라서만

물빛 변할 줄 알았지

세상 따라 물빛이

저렇게 변할 줄 뉘 알았으랴

간짓대에 꿰어

성크름한 북풍에 매달렸던 통대구며

둑지먼당*과 갯가 나무전마다

하늘 위에 피어나던

겨울꽃 통영연은

어느 인심 찾아 떠다니는지

---

* 통영에 둑사가 있었던 산꼭대기를 지칭함.

낮이고 밤이고
땅 메꾸어대는 짐차에 밀려
떠밀려간 강구안 나룻배가
이 밤따라 눈앞에 어른거린다

제2부 ─ 응어리 갯바람

속앓이 바다
통영바다 17

독립만세 부르다 생목숨 끊기고
옥살이에 병 얻어 죽지 못해 살아온 뒤끝의
피붙이들을 통영바다는 환히 안다
조선사람으로 보이면
여지없이 짓이기던 자의 후손은
터 잡고 행세하는가 하면
욕되게 산 자의 이름을 새긴 문화상이
버젓이 나돌고 한일합방과 내선일체가
조선의 살길이라고 우겨대던 사람의
흉상까지 세워놓고서는
따지지 말고 떠받들라 한다
일제의 소모 군수품이 되었던
통영처녀 왕경엽의 차디찬 눈물 속에서
가슴치며 답답해 하는 통영바다가
노자산 능선을 타고 오르는
정월 대보름달 껴안고 성큼 다가선다

쭉정이 이야기
통영바다 18

가진 것이라고는
꽉 막힌 목구멍에
몸뚱어리뿐

그저 굶지 않고
살게만 해달라는
애절한 필담 앞에
한정없이 쪼그라드는 쭉정이

미륵산과 벽방산 틈에서
온몸으로 부딪치며
나뒹구는 놈아들을
갯벌에서 내팽개친 폐선으로
영영 버려두어야 하는지

덩쿨 타고 오른 자색 등꽃이
활짝 핀 건너편에는

벙어리들이 구두통 속에
웅크리고 있다

땀 값
통영바다 19

갯바람 닿는 방파제에서
올망졸망한 아이들이
찾는 사람도 없이
해 지도록 놀고 있다

전봇대만한
상수도 철관을 묻노라
곡괭이 삽질에 매달리는 아빠와

푸장어 배 따주며
굴패각 끼는 엄마가
일당 받아쥐고 와야
품에 안길 아이들

첨벙대는 재잘거림 껴안고
돌아서는 발끝에
어디서 땀 흘렸는지 굽 높은 목욕탕에

드나드는 사람들이 얼비친다

물 먹은 종이배
통영바다 20

멀리 떠 있는 섬이
눈 앞으로 다가서는 날은
선창가엔 어김없이 비가 내리고
굵은 빗방울에 갇힌 배와
소주잔에 담긴 배꾼들은
물 먹은 종이배가 되어
날 들기만을 기다린다
물편 쪽 셈 다르고
뭍에 쪽 셈 다르다보니
풍랑 속에 시달리는 물일보다도
천날 만날 모여 사는 사람들의 세상이
와 그리도 사람 울려쌨는지
뭍에만 닿으면 아는 걱정에
모르고 없던 걱정까지
한짐씩 짊어지게 되어
두 다리로 뻗대기는 숨찰 수밖에
폭우 속에 배도 뒤뚱

사람도 뒤뚱거리는 통영바다

두 시인
통영바다 21

들곡식 밭곡식 살찌우고
갯가 고기 통통히 알 배게 하는
오뉴월 햇볕을 등에 땀 좀 배게 한다고
누가 마다하랴마는
본때 보이는 한여름 햇살 아래
고향바다 찾아온 두 시인이 있다
한 시인은 세단 자가용을 부리며
예약된 호텔에서 꺼내준 바닷바람 쐬고
또 한 시인은 시외버스를 타고 와
한물 지난 여관에서
바다 바람을 불러모은다
글로써 사는 한울타리인데
고향땅 밟고 섰는 모습이
펴낸 시집처럼 각기 다르다
다를 것이 달라야지
사람 다르고 시 달라야 하는 건지
고향바다 통영바다는 되묻고 있다

냉이꽃조차
통영바다 22

여덟 살짜리에게
구십여덟 평 저택을
장난감 건네주듯
손에 잽혀주고

오락기와
여성 주간지에 눈 팔릴
머스마들에게
금쪽 같다는 강남땅을
허리에 채워주고도 모자라

재산 숨기기에 급급한
저 잘난 모습 앞에
갓 피어오르는 냉이꽃조차
고개 돌리며 부끄러워한다

되물려주는 것이

기껏 그 짓거리밖에 없었는지
날개 접고 뱃전에 기댄
갈매기가 의젓하기만 하다

맑고 푸른 통영바다에다
제 이름 새겨 대물림 한다고
티 잡히고 탈 날 걱정 없을 터인데

들물 날물 타고
통영바다 23

붉은 등대
검은 등대 가슴팍으로
때도 없이 모여드는
토박이 갈매기들

어판장 선착장에는
그물 올린 고깃배와
주고받는 술잔들로
노상 붐비는데

동바다 서바다
한물길되어
어우러지는 포구에

들물 날물 타고
떠돌던 배꾼
배 맬 터 넘보며
기웃거린다

잠 못 이루는 눈매
통영바다 24

달빛이 물고기 되어
떼 지어 헤어다니는 칠월 보름날
보청기까지 낀 팔순 할머니는
해산회사 창고에서 벌어졌던 속앓이가
시도 때도 없이 도지고
나이 들수록 그때 일이 밝아와
차마 사람 입으로는 다 옮길 수 없다는 듯
당최 말을 하지 않는다
저 물속이 얼마나 깊기에
그 숱한 목숨과 원성을 안고서도
반벙어리로 나날을 보내왔을까
사람 목숨에 법이 있는데도
물결 따라 밀려드는 밤바다에
시퍼런 저 시거리*의 잠 못 이루는 눈매를
누군들 피할 수 있으랴

---

* 여름 밤바다에 일렁이는 형광물질.

알울음 바다
통영바다 25

팔월이 되면 서럽게 울어대는
통영바다의 알울음에
귀 막고 돌아서지 말자
생목숨 살려내라는 아우성이
하루도 끊어질 리 없었을 동충 끝에
옳게 죄 사하는 짓 흉내조차 내보인 적 없이
느닷없이 불려 온 소련배가
깃발까지 휘날리며 닻을 내려놓고 있다
울음조차 죄 되어
입에 못질하고 살아온 숱한 날들이여
팔월이 되면 목놓아 울어대는
통영바다의 알울음 앞에 부끄러워는 해도
귀 막고 돌아서지는 말자

꺼지지 않는 등댓불
통영바다 26

한밤중
비바람 속에서도
등댓불은 꺼지지 않았다

선창가에서
숨어지낸 배들도
날 개이자 풀린 얼굴로 닻을 올리고
뱃길 찾아나선 갯가엔
또래또래 벌거숭이들이
물장난하며 논다

오늘은 저 건너 대섬으로
내일은 해당화 피는 명사십리까지
물질해서 갔다오도록
헤엄질 하나
멋들어지게 배워두라며

가슴 깊숙이 파고드는
아이들의 잔등을 쓸어주고 있다

앓는 세상까지
통영바다 27

푸장어 굽는 냄새가

강구안을 휘젓는 초저녁

뱃머리 약국에는 어떤 병이라도

다 거두어줄 것 같은 양약들이

새서방같이 뽐내며

진열대를 차지하고 있다

화물선 떼낸 자리엔

부둣가 일당잽이들이

낮에 풀어냈던 입담으로 맴돌고

횟집마다 두리두리 붐비는데

조제실 투약구멍으로

앓는 세상까지

거멍거멍 새나온다

간선도로에 붙어사는 전파사에서는

얼굴도 붉히지 않고 외쳐대는

새로운 약광고가

가로등 불빛 아래 쏩쓸하게 나뒹굴고

알밤 같은 정을
통영바다 28

부둣가 선술집 문턱에서
배꾼들의 입김이
끈끈히 배어나오는 초저녁

고기잡이는 시원찮아도
큰 명절 팔월한가위만은
도래상 펴놓고 옹기종기 모여
묻어온 애기끈 죄다 풀며
알밤 같은 토실한 정 나누어야지

어판장 앞머리에 기댄 고깃배는
열사흘 달빛만 한배 가득 실은 채
몸을 풀고 있다

돌비늘 틈새로
통영바다 29

아왜나무 가지에 매달린

팥알 같은 붉은 열매가

가을 햇살을 데불고 노는 세병관 뜰에

스스로 안겨보는 오후

강구안의 푸른 물줄기 머금고

자식 걱정에서 동네 일까지 걱정하며

해 떨어져야 일어나던 고지기들은

앞바다에서 사라진 통구미*처럼

어디서고 쉽게 찾아낼 수 없고

눈앞엔 길 잃은 다람쥐 한 마리가 숨어다닙다

한 겹씩 벗겨져 나가는

주춧돌 돌비늘 틈새로

담 너머 학교운동장에서 넘쳐나오는

알곡식 같은 아이들의 노래를

살며시 끼워보는 초가을

---

* 통영지방의 바닷배.

갯가 오후
통영바다 30

선창가 닻줄을
타고 내리는 빗방울 속으로
3등 객실이 엿보이고

선표 파는 창구로
떠돌이 배꾼들의
한숨 빠진 빗줄기가
들락거리는데

세상 물결에 드러난 뼈마디와
실핏줄이 엉겨붙은 봇짐들만
대합실을 채우고 있다

새벽부터 장세 챙기던
장돌뱅이 김씨도
제 집 변소간이 꿈이라는
순대집 하동댁도

빗방울이 되어 맺히고

야시장에 터놓은
난전 서커스도 빗줄기에 꿰인 채
바다 위에 맴도는 갯가 오후

일그러진 표정만
통영바다 31

꺼칠꺼칠한 갯바람이
비탈진 밭고랑을 넘나들고
가두리 양식장엔
씨고기들이 겨울 나느라
지느러미 세워 몸 비벼대는데
등댓불보다 신호등에 길들여져가는 틈에서
갯벌에 엎드려 있는 바닷게를 보고
게가 고장이 났다고 말하는 아이들 앞에
일그러진 우리들의 표정만 동동 떠다닌다
방어 넙치 도미 전어 뽈락
농어 노래미 고기 이름보다
햄버거 소시지 켄터키치킨을
더 쉽게 읊어대는 선창가에
빈 물칸만 들락거리고
집값 떼이고 발 구르는
입주민들의 가련한 눈물 방울이
동짓달 초승달에 매달려 대롱거린다
이래저래 하루도 바람 잘 날 없는 통영바다여

밤 밝히는 눈꽃
통영바다 32

티눈 같은 언바람

갯고기 지느러미와
껌뻑거리는 등댓불에도
내리꽂히는 겨울밤

객선도 고깃배도
어판장도 갯가 선술집도
꽁꽁 입 다문 채

물길 얼어터지는 소리
짱짱 와닿고

운하교 밑으로
흰 눈꽃이
피다 지고 피다 지며
밤을 밝히고 있다

제3부 ― 두룡포 영원한 삶의 터전이여

곰탁 곰탁마다
통영바다 33

새벽녘부터
경매 부치던 어판장 종소리는
목청 좋은 소리꾼 되어
장바닥을 들뜨게 하고
장독대 틈으로
쏘옥 내민 향긋한 방아잎은
당동리 옹구쟁이가 빚어놓은
문어단지 속에서도 나울거릴 때
운하를 끼고 어깨 부비며
오르내리던 통구미 이물엔
성금산 산기운이 마냥 넘쳐흘렀다
배 떠다니고
고기 조개 키우면
다 같은 바다인 것 같아도
곰탁 곰탁마다 정 솟고
정 붙게 되는 통영바다를
통영사람 아니고 뉘 알 수 있겠노

물때 맞추어
통영바다 34

입가에 바닷물 적시면
하동 김
기장 미역이
왕조 연대표처럼
붙어다니듯

봄 도다리
여름 농어
가을 전어
겨울 숭어는
호적부 들추지 않아도
통영바다라고
앞세워 준다

철철이
물때 맞추어
노니는 물고기 따라

두룽포 인심도
함께 따라다니고
선청가 술인심도
들랑날랑거린다

탁배기 잔에
피문어 씹는 맛을
제대로 우려내는
토박이 선산지기들 손을
제 몸 덥혀 감싸주는
통영바다 알배기

산딸기
통영바다 35

날 새자 선창가에는
그물 터는 멸치배 어부들로
붐비기 시작할 때

미륵산 기슭
오리나무 둥지 옆엔
빨간 산딸기가
새벽 범종소리 머금은 채
아침 햇살 껴안고 있다

알곡으로 영글어 맺힌
저 산딸기로
때 묻은 손끝
물들이고 싶은데
뻐꾸기소리 날아와 앉는다

푸른 하늘 아래

미륵산과 통영바다가
한몸된 어울림 속에
함께 닮아가야 하는
통영사람들

바닷가 텃새들
통영바다 36

자동차보다도
물에 떠 있는 배에
몸담고 살아온 통영사람들
싱싱한 고기 빛깔 하나로
세 끼 밥 먹으며 서울 바닥서도
문패 달고 살긴 하지만
청비늘 싫어하고
갯물에 손 담그기 겁내면
앉을 자리 설 자리
제대로 찾을 수나 있을는지
시작되는 장맛비 속에서
닻줄 풀어 배 떼내고 그물 놓으며
물 지키고 물에 매달려 사는
바닷가 텃새들 앞에
올망졸망한 섬들이 들어선다

학꽁치 되어
통영바다 37

먼 바다 나갔던 고깃배가
풍화리 객선만한 고래를
옆구리에 끼고 입항했던 그날
새터 장바닥과 명정골 교실은
뿜어올리는 물줄기로 출렁대고
아이들은 고래 등에 올라타
종일토록 놀았다

잔챙이 고기부터
그 큰 고래에 이르기까지
얼싸안고 토닥거리며
끝도 원도 없이 살게 한 이 바닥

씨 좋고 때깔 좋은 놈
남 먼저 물차에 실리어
객지로 다 빠져나가는 사이
끼고 돌던 본래 것들 다 잃어버리고

매립장 흙먼지 속에
늘치분하게 서 있을 줄이야

그래도 맞은편 한귀퉁이에는
이 바닥 짊어지고 키워나갈
가래떡 같은 아이들이
학꽁치 되어
선창가에서 노닐고 있다

뻐꾸기 소리만
통영바다 38

소리 소리 들먹여도
오월 푸르름 거느리고
소나무 둥지에 스며드는
뻐꾸기 소리만 하겠는가

찌든 몸 에워싸며
속속들이 휘감겨오는
뻐꾹- 뻐-꾹- 뻐꾹-

저 소리 하나로
섬과 바다와 뭍이
되살아오른다

씨나락 같은 어민들의
가슴과 통통배에
청비늘 되어 찾아드는
뻐꾹- 뻐꾹- 뻐~꾹-

물 반 고기 반
통영바다 39

바닷가 소나무 가지끝에
머물던 아침해가
조선소 기중기에 매달리며
둥실 떠오를 때
선창가에는 낯선 이방인들의
거친 숨결이 활개치며 돌아다닌다
물 반 고기 반이라던 통영바다에
아침 북새 저녁 북새에
곱게 물들인 날개로
줄줄이 살아온 텃새들의 속마음
답답하기야 하겠지만
통발마다 힘줄 새겨진
배꾼들의 땀내음이
아직도 식지 않고 묻어나온다
물 반 고기 반이라는 말을
처음으로 입에 담게 했던
내 피붙이 통영바다여

고향 속의 고향
통영바다 40

저녁 노을이
대이파리에 스며드는
갯가 밭두렁에 앉아
두룡포구의 긴긴 세월을
휘감고 있는 고인돌

하늘 뭉개는 아파트 틈에서
애써 모은 갯바람과
흙기운으로 근근이 맥이어 왔다

해평마을 땅 67-2
고향 속의 고향

돌로 만든 쩌르개살로부터
낚시와 봉돌을 깎고
그물과 통구미를 만들어
통영바다를 처음 열어제쳤던

터잡이들을 떠올린다

동바다나 서바다나
앓는 소리 이어져 물 구비치는데

새벽별 길라잡이들이 모여
노를 다듬고 있다

만천 가지 요람
통영바다 41

한 고을을 먹여살리던
명정골 정당샘과
동피랑 통새미에
온종일 머물던
두레박질 소리며
따바리 위에
물동이 이고 보면
청둥오리 같았던
어머니와 누이들

큰물 지고 물 불어난
한나절 가죽고랑에
참붕어와 메기며
미꾸라지에 민물장어를
쫓다보면 어느새
한 몸이 되어 헤어다니던
다붓한 햇살들

물난 방축 밑과 갯벌에
못 파놓고 용궁 지은 다음
다듬은 계피뿌리 먹으며
개털 끝에 된장 풀어
속 구멍에 밀어넣고
게와 개불구멍까지 찾아다니며
갈매기조개에
주먹만한 꼬막을
발로 더듬어 건져올리던
싱둥싱둥한 갯고기들

들썩거리던 새터 어판장이
어둠 속에 깃들고
해방다릿가에 끼워둔 낚싯대에
총총한 별들까지 매달리면
멸치 불배되어 밤늦게까지
마실다니던 뱃머리 말뚝이들

사철 내내 시간 시간
만천 가지 요람 통영바다

갯바람 한 자락
통영바다 42

엿가락 구멍 키우느라
뱃심까지 불어넣던 엿치기

열무정 과녁 맞추듯
땅바닥에 흩어놓은 동전을
돌화살로 용케 찍어올리던 돈치기

밥보자기마한 장기판이
중원 땅덩어리만했던 내기장기

아구집 뒷마당에서
탁배기 담배연기로
탱탱하게 불어났던 윷방석

둘레둘레 모여 섰던
씨삼촌 같은 얼굴들

온다간다 말없이
어느 객선
뉘집 장바구니 따라 가버렸는지

새터 국밥집 장작불 위에
복닥거리며 지나가버린
갯바람 한 자락

모두 한벨 속에
통영바다 43

하늘 가리고 섰는
단감나무 가지마다
몽글몽글한 정이
드레드레 매달렸다
나락 베고
곶감 깎는 손이나
고기 잡고
조개 캐는 손이나
모두 한벨 속에
옹기종기 살갑게 모여
도란도란거리는 애기
물 위에 맴돈다

통영장날
통영바다 44

짭짤한 갯내음에 절인
예순여 개의 올망졸망한 섬들이
새벽밥 해먹고 통구미 앞세워
다투듯 모여들었던
한 달 육장 2·7 통영장날은
환하고 들뜬 물빛으로
장바닥에 넘쳐흘렀고
물편쪽 가지가지와
뭍의 고만고만한 것이 오가며
맘까지 주고받던 그날은
마냥 신이 나 장돌뱅이들
파장 봇짐 멜 때까지 돌아다녔다
거제섬 물거리 나뭇배와
하동땅 장배까지 끼여들었던
새터 장바닥에 고층상가가 들어섰고
배불뚝이 객주 영감은 온데간데없는데
청과시장 공터에다 사람 모으던 유행가는

떠돌이 약장수들의 얼굴을 기억이나 하는지
누님의 수틀 색실에 매달려
눈앞에 일렁이는 통영장날 통영바다

참깨바람
통영바다 45

쪼깐이집 탄불 위에
뽈래기 굽느라 왕소금 튀는 소리

새미집 골방 속에
누룩 뜨는 냄새

봉래극장 광고판 메고
거리거리 누비던
꽹수 노인

딸 여섯에 아들 하나 둔
동동구리무 장수
쇠줄이 아배

멍석돌 같은
새터 이발소 거울 속에서
장터 참깨바람 타고
여물어가던 빡빡머리들

새벽 갯꽃
통영바다 46

돌샘이 논샘이에
살방살방 샘물 고이고

뱃길 터준
새벽달 속에
비늘 세운 갯고기들
헤어다닐 때

붐비는 어판장
간내 나는 선창가에는
새벽 갯꽃이 계절도 없이
활짝 피어오른다

자아! 크고 물 좋다며
누구 손 기다릴 것도 없이
섬겨 읊는 손가락 흥정

한평생 지울 수 없는
긴 물띠 허리에 두른 채

뜨끈한 해장국에
손발 녹이고 눈바람까지 녹여내는
물밥장수 통영바다

판굿 한마당
통영바다 47

늦 갈치잡이 채낚시꾼들
매가리 입갑 끼우는 손에
북적거리는 야시장 불빛이
눈웃음 지을 때

하늘 열어제친 깃대에
날라리 꽹과리 북 장고 징소리가
얼기 설기 휘감기면서
별신굿 오광대 횃불놀이로
둥근 난장판이 벌어진다

들썩들썩 욱적욱적
솟구치며 휘몰아치는 가락과 춤이
불씨되어 어둠 사르고 아우러져

맺히고 막히고
끼이고 박힌 것

풀고 헐고 거두고 뽑아내는
큰 판굿 한마당 어울림 터에
모듬살이 통영바다가 떠오른다

둥 둥 두둥둥 두둥둥
니나 니 나 니나 니나나

뱃고동 소리에
통영바다 48

포구에 띄워놓은 배들을
부모형제같이 보듬고 살았던 통영사람들은
눈뜨고 눈 붙이는 순간까지
분주하게 드나들던 객선들의
뱃고동 소리에 세월 꿰며 살아야 했다
새벽별 안고 물칸 채운 똑딱선들이
부우새* 헤치며 아침 저자 보러
달려오는 숨소리에 잠 깨게 되고
어판장 객주집 경매 소리와 진해 마산 가는
창용호 신천호 동일호 뱃고동 소리가
해장국 뚝배기 속에 담겨질 무렵이면
동녘 해는 저만치서 떠오르고
장꾼들의 손길은 마냥 바빴다
삼천포에서 하룻밤 보내고 내려오는
원양호 뱃고동 소리를 오다가다 듣게 되면
새터 시장과 청과시장은 파장이 되고

---

* 날이 막 밝을 무렵.

철공소와 대장간에서 쇠 고루는 땀방울과
부산 여수 오가는 금양호 경복호
갑성호의 뱃고동 소리가 한데 어울릴 때면
한나절 파도타기 개헤엄질 밀쳐놓고
꽁보리밥에 갈치젓갈 풋고추
고추장에 호래기 마른멸치 챙겨먹었다
고기 떼지어 나오듯 물길 따라 강구안과
동호만 서호만을 빠져나오는 섬배 신천호 동해호
명성호 진경호 금능호 둔덕호 남성호 창운호들이
다투듯 울리는 뱃고동 소리에
극장마다 낮 영화는 다시 막이 올랐고
한일호 복운호의 뱃고동 소리가
강개미* 섶에 맺힐 때면
조선소 방파제에는 갯바람이 드리웠다
동피랑 집집마다 알전구에 불 들어오고
괭이 바다 거쳐 장개섬 휘감고 들어서는

───────

* 저녁해가 진 뒤 차츰 어두워지는 때.

금성호의 뱃고동 소리가
뱃머리에 마중나온 사람들을
손손이 어루만져 주고 나면
밤배 태안호 뱃고동 소리는
부둣가 여인숙방 이불 속에 잦아들었다
멘데*에서 굴다리에 이르기까지
속속들이 배어 있는 뱃고동 소리에
태를 묻고 셈 들고 나이 들었던 통영사람들
이젠 어느 소리에 세월 묻고 있는지
스스로 얼굴 붉히며 고개 흔드는 통영바다여

---

* 통영에 있는 옛 동네 이름.

제4부 ─ 토박이 지킴이들

소금알
통영바다 49

하루 두 번씩
들고 나는 물길 헤집고
꽃방석 찾아 뜬눈 되어
나섰던 고깃배들이
신새벽 양색등 앞세우며
어판장에 속속 들어선다

숭굴숭굴스리
풀어놓은 고기 더미 속에서
어기찬 배꾼들의 얼굴이
물구비 치고 있다

손가락 흥정에
귀 세우고 눈 굴려 보지만
물고기가 어디 돈으로만
셈하면 그만이든가

저승에서 벌어와

이승에서 쓴다는

배꾼의 소금알 깨무는 물일을

어느 바람 어느 물결인들

제대로 알겠는가

문돌이 아범
통영바다 50

열네댓 살부터
고깃배에 발 얹고서
오십 너머 선주 된
우룻개 문돌이 아범

펴보이는 손바닥에서
바다 물결 넘실대고
용왕기가 휘날린다

앞 바다 먼 바다를
소롯이 말아쥐고
사립 드나들 듯
밤낮 없이
뱃길 찾아나섰던 날들로
그물코를 메꾸어도
몇 번이나 더 메꾸것네

땅 농사로 치면

이곳이 논밭이라며

기름 한 방울 못 버리고

가래침 한 번 못 뱉는

저 천성이

꼿꼿이 갯가 지키는

알짜배기 아니던가

갯농악 가락 속에

솟대며 목장승 모셨던

우룻개 문돌이 아범

첫새벽부터 물 보러 나선다

꿈 한 자리
통영바다 51

멸치떼 은비늘로
파닥거리는 어판장

봄 물결 이는 선창가에는
객지밥에 뼈 굵고 살 붙은
통발배 선원 홍씨가
개통발 속에다 흘려보낸
갯바람 세월을 구겨넣고 있다

한 번 배 떼내면
보름이고 한 달이고
물 늪에 갇혀 지내며
담배 소주와 여성주간지에
만화책과 무협지를 껴안고

가슴팍 후벼대는 파도와
맞부딪치며 끊기지 않고

목숨 이어온 떠돌이 바다 일꾼

탱자꽃 햇살 받으며
꿈 한 자리 얽어보는 두 손끝에
살포시 얹어지는 뱃고동 소리

늙은 주름만
통영바다 52

한날 한시에
제사 지내는 집들을 자주 보면서도
무슨 끼가 씌었는지 사시사철
손끝 발끝에 갯물 마를 날이 없었다
물때 따라 드나들며
그물 내리고 주낙놓던 시절은
옛말 된 지 오래
구월에도 눈 내리는 북양이나
변덕스러운 동남아 바다까지
넘나들어야 밥값이라도 챙기게 된다
나이 들어서는 발에 흙 묻히고
구들방에 등 붙이며
밥상 차지하는 것이 하나뿐인 욕심이라
파도 무서운 줄 모르고 잘도 뻗대는데
걷어올리는 그물에는 찌든 막소주 냄새에
늙은 주름만 대롱대롱 매달린다
풀어내린 낚싯줄이

오대양을 감고도 남겠는데
언제쯤이나 뭍에다 닻을 박을런지
샛바람에 거제섬이 떠다닌다

덕례 양반
통영바다 53

골 깊고 물 좋은
둔덕골 염전마당에서
발 떼낸 섬돌이 거제호가
산달섬 동좌리와
여차리 화도섬을 거쳐
동호만 객선머리에 닿으면
그제서야 장어국밥에
막걸리 한 사발로
속 덥히고 목 틔우게 되는
만년 배꾼 덕례 양반
뺑 둘러도 물 천지 섬에서
삼시 세 끼 숟가락질보다
먼저 배우게 된 노질 하나로
섬 사람들 등에 업고
물 건너주다 보니
치 잡던 손끝엔
옥비늘 같은 이웃들의

눈웃음만 매만져진다
실살스런 늙은 배꾼이
평생동안 일구고
지켜온 뱃길 위에
석란꽃 짙은 향기
자욱하게 번지고 있다

앞바다 지킴이들
통영바다 54

일렁이는 물결만 봐도
물속 사정 죄다 헤아리며
고기떼 쫓아 그물 놓는
어로장 박씨 영감이나

고기상자 속에
갖은 세월 다 담고서는
생선만 팔고 살아온
어시장 양씨 할매

선왕기에 새겨넣은
참돔과 까치복 되어
이 갯물 저 갯물에
지느러미 물 묻히며
터 닦고 살아온
앞바다 지킴이들

자식 손주는 떨어져 살아도
이 둥지만은
내놓을 수 없다며
평생을 끼고 도는
천생연분 통영바다

통영아지매
통영바다 55

열일곱 살 황필례
고흥땅 전라도에서
민적 파 와
통영 갯벌에 묻고 지내다
사라호 태풍에
평생 짝 빼앗기고
물때 따라다니는
갯고기 되어
아침절에는 새터 어시장
낮부터는 중앙시장 어물전에서
장바닥 맴돌다보니
일흔 고개 넘고서도
손주 보듬듯
고기 상자 안고 지낸다
한 달 한 번
곗날에 입고 나간 한복에도
생선 비린내 배였다고

한마디씩 건네지만
제 새끼 똥오줌 구리다는
부모들 봤는가
싱싱하게 뛰는 고기 비늘과
사람 속에 끼이는
시장 바닥에만 나오면
절로 기가 살아오르는
뭍에 괴기 통영아지매
오늘도 통영 족보는
그의 손끝에서
촘촘히 엮어지고 있다

배목수 남수
통영바다 56

남망산 마당 놀이장에서
푸지게 울려나오는
풍물 치는 소리가 비늘 세워
새로 모으는 목선 용골 사이로
드나들고 있다

작은 발개 배목수 남수는
술잔 크기도 남달랐지만
덕석 같은 손아귀에서
점지해낸 든실한 고깃배는
용왕님도 한 척 갖고 싶어했겠지

그가 평생토록
저 바다 위에 띄워놓은 배 부리며
아이 기르고 조상 모시면서
얼굴 내밀고 목숨 붙인 채
연연히 살아온 통영사람들

첫서리 빗질하며
곱게 익은 유자알 속으로
물 보러 나가는 고깃배가
남실남실 와 닿는다

부둣가 앉은뱅이
통영바다 57

물오리 헤엄쳐 오듯
뭍에 올라왔던 섬배들이
제 집 찾아나서고 보면
텅 빈 부둣가엔
검표원들이 내뿜는 담배 연기와
등짐 졌던 짐꾼들의
땀 식는 내음으로 잔뜩 채워진다
갯가 나무전 여기저기에
대발 엮어 꽁치 널어 말리던
어울림 터에는
네 발 달린 짐차들로 붐비고
일거리 찾는 눈앞에는
짓눌린 시계바늘이 맴돈다
뭐 묻어둔 것이 그리도 많아
이 바닥 뜨지 못하고
영영 부둣가 앉은뱅이가 되어버렸는지
밀쳐둔 빈 손수레 어깨 위로
차곡히 쌓이는 갯바람 세월

한 그물코로
통영바다 58

서호만 동호만에까지
밀려 들어왔던 멸치떼가
길을 잃었는지
떨어진 비늘조차 뜨지 않는 날
입질 않는 낚싯대를 들고 섰는
아이들을 똑바로 볼 수 없었다
제 얼굴 모양대로
이름 달고 나온 물고기들이
아침 저녁 떠오르던 앞바다엔
오늘따라 내 고장 발전과
내 고장 사랑을 내세우는
후보자들의 벽보로 채워진다
생멸치든 마른멸치든 멸젓갈로 있든
버릴 것 하나 없이
온몸 통째 갖다 바치는 물고기
어드매 또 있으랴 선창에 퍼져 앉아
한 그물코에 끼워보는 통영멸치통영사람

산중 아재요
통영바다 59

산중 아재요
내 살던 두메 산골이
철철이 내미는 새순 끝에서
요리조리 변하듯
매일 마주치는 저 갱문이
밥상 위에 올려놓는 물고기 따라
날마다 달라보이게 되는 줄을
둘째아이 터 팔고 나서야 알게 되고
계절 따라 고기 따라
굽고 지지고 무치며 말리고 쪄서
손맛까지 보태 간 맞추게 될 때야
통영사람 다 되었소
산중 아재요
이렇듯 오만 고기 만천 조개가
이 갱문 아니고 발 붙일 수 없었는데
땅심 기 빠지듯 숨 몰아쉬니
나이 들어 갱문가에 살기 힘들어지네요

생대 끝에 매달려 나부끼던
선왕기와 물색 깃발 안고
갯먹이 큰머리 굿할멈의 덕담 속에
한도 없이 커나던 애기집 같고
천정 어매 같은 이 갱문을
그냥 두고볼 수는 없지 않는교
산중 아재요

토박이 사투리
통영바다 60

서해안 태안반도 끄트머리 안흥땅
황하 강물끼가 눅눅히 배인 이곳에
중국 사신들 이어 통영 꼬막배가 들어와
새 동네로 바꾸어놓은
충청남도 태안군 근흥면 정죽리
예서 게가 어딘데
차를 타도 배를 타도
한참이나 돌고 돌아야 겨우 맞닿는 곳
손바닥만한 통통배로 용케 찾아와
꼬막틀 앞세워 서해바다 누비며
통영 사투리 심어놓고
물때 따라 떠다니는 통영사람들
뱃속에 갯바람 넣어 다닌다고
모두 바다사람이라고 부르더냐
통영땅이나 안흥땅이나
개발 앞세워 이 갯벌 저 갯벌이 메꾸어지고
객지 사람 발길에 찬밥 신세 면할 수 없지만

온몸에 간물 묻힌 토박이 통영사투리만은
세상 천지 그 누구도 빼앗아가지 못하리라며
봄비 머금고 뻗대며 섰는 통영사람 통영바다여

앞소리꾼 녹두반장
통영바다 61

저승길 밝혀주던
꽃상여 앞소리꾼 녹두반장
사자탈 둘러쓰고
원문고개 넘는구나

오광대 다섯 마당
길길이 휘감고
떠나는 저 발길
뉘가 나서서 멈추게 하겠는가

탈바가지 한짐 진
오정두 영감 껴잡고
삼성이 김 영감
새 굿판 찾아 함께 나서는구나

괴기 살 오르게 하고
알 배게만 하는 줄 알았더니

나전칠기 소목과

백동장석 갓 속에
제 숨소리 녹여 수놓게 하고
굿장이까지 길러낸 통영바다가

품에서 꺼낸
길 닦기 시나위 가락을
대금에 실어 흘려보내고 있다

통영가락
통영바다 62

삼현육각 하면
한양 강릉 남원에다
빼놓을 수 없는 곳이 통영이라지
그것도 민간악이 살아 있으니

정통 동편제 명창 이진영과
통영 소리꾼 노덕찬
게다가 가야금 김성호
대금 주봉진 정봉호에
김종호 가락은 또 어떻고

산양면 척포 김운의
피리 시나위는
날아다니는 새조차도
울지 않고서는 못 배겨 내더라며
세습무들도 그 소리 잊지 못하네

목구멍으로 말 못해
두고두고 쌓였던 한을
툭 트인 대구멍 통해
죄다 쏟아냈던 것이제

사람 없고 소리까지 뒤 끊어지니
운아! 피리 한번 불어봐라
나무 한짐 해주꾸마

신청 용마루에
넘쳐 흐르던 통영가락들
갯물결 속에 고여
귀문 연 사람에게만 찾아온다지

몽당붓 끝에
통영바다 63

낮이고 밤이고
열 손가락 마디마디에
엉겨붙은 물감 다발

단 하루도
곁눈 한번 준 적 없이
스스로 밝혀온 불빛 아래서

짙푸른 바다로 물감 풀며
여든 고개까지 이르른
소년의 몽당붓 끝에
천리향 꽃봉오리가 맺혀 있다

갯바람 찾아드는 돌담 안에서
자나깨나 그림밖에 모른다며
투정 부리는 손자들의 눈망울 속에

큰 얼굴 통영바다가
학이 되어 담가져 있구나

강구안 연꽃
통영바다 64

갈매기 깃자락 같은
얼음땅 쪼막 밭에
흰 눈 깨문 시금치가
붉은 망개알 되어
가슴속에서 굴러다니던 날
요람 같은 강구안에는
억척같이 살아온 포구의 여인들이
연꽃되어 떠 있다
과일장사 해서 교수 박사 시키고
잡화점 물장사 해서 약사 선주와
도부질 고기장사 하여
든실한 배목수에 운전사며
공예인까지 내놓고
잠수질에 선술집 해도
자식은 판사 변호사로
국밥집 구멍가게 꾸려서는
시인 소설가와 연극인 키워

제 몫대로 살게 제금 내준
터줏대감 통영 어머니들
드나드는 뱃고동 소리 어루만지는
정당샘 동백이
꽃망울을 터뜨리고 있다

간창골 벅수만은
통영바다 65

뱃고동 소리에 귀 세우며 사는
객선머리 김밥장사들은
어느 배를 타고 떠다니고 있으며
항남동 차부 대갈 짱구 봉래는
어느 주차장에 머물고 있는지
갱물가에 움막 지어놓고
백정질 하던 새터 낭까이는
어느 장바닥을 기웃거리며
통영 고깃배가 모두 자기 자식인 양
믿고 부리던 민짐 마을 뻘떼기 선주 영감은
어느 갯가에서 나는 물 드는 물 헤아리며 섰을까
풀무 저어가며 놋그릇 뽑아내던
가죽고랑 노씨 영감
손끝 자랑 한 번 없이도
통영 자개쟁이로 통했던 송씨
정당새미 지키던 욕쟁이 할매
동네 엿판 되어 돌고 돌던 엿장사 털보며

강냉이 뻥튀기에 씨 손자 키우던
해방다리 최씨 영감과
입은 비뚤어져도 과자만은
제대로 구워내던 삐뽀 김씨와
별빛 아래 영사기 안고 잎담배 즐기며
필름 돌리던 꼭두쇠 정씨 영감을
이제와서 누구의 눈이면 찾아내겄노
명 주고 사람 구실 하게 하더니
다시 거두어 들인 통영바다의 속마음을
간창골 벅수만은 알고 있겄제

제5부 ─ 뭍을 향한 돌다리

긴 그림자만
통영바다 66

얼마나 뭍이 그리웠으면
새섬이라 불렀을꼬
애써 찾아서 왔던
떠밀려 보내져 왔던
발디딘 첫날밤부터 가슴에 안겨졌던 것은
푸른 바다와 파도 소리뿐
날개 달린 새와
지느러미 긴 물고기를 부러워할 때부터
섬을 빠져나서려는 맘에 돌을 채우고
서낭당 모시며 눌러앉을 때까지
뭍을 향한 돌다리는 얼마나 많이 놓았겠으며
물에 띄울 수 없는 배는
가슴속에서 얼마나 떠다녔을까
옹기종기 붙어사는 동네 인심과
전기 전화 냉장고에
저금통장까지 있어 귀러운 것 없고
그 흔한 공해와 교통난에 시달리지 않아

부러운 것 없이 살맛나 좋다지만
교실마다 남아도는 책걸상과
무너져내리는 흙담집 앞마당엔
늙은이들의 긴 그림자만 감돌고 있다

목마른 섬마을
통영바다 67

동서남북 사방이 물천지인데도
물이 귀해 긁어모은 빗물마저 바닥나고
엎어놓은 두레박 물동이에
목마른 소리만 엉겨붙은 섬마을
뚫어놓은 물구멍마다 동네 인심 새나고
메마른 겨울바람 송송 드나들어
뱃길 떠난 임과 함께
뭍에 물배 기다리며 손가락 꼽는 섬 갈매기들
출세 따라 돈 따라 섬 떠난 사람 욕해싸도
뭍 따라 간 아낙네와 물고생 싫어
시집오지 않는 처녀를 욕할 수는 없으리
전화기 들고 물배 기다리며
번호판 누르는 귀에 뭍에서 넘쳐나오는
물장구 소리가 들려온다
물 그립고 임 그리운 통영바다 섬마을

서럽다 서럽다 해도
통영바다 68

세상에 서럽다 해싸도
울타리 없는 섬 안에서
그 흔한 청진기 한 번 주사 한 대
꽂아보지 못한 채
몸서리치는 아픔을 움켜쥐고 치대며
생목숨 숨넘어가는 신세보다
서러운 신세가 있으랴
고기 잡고 그물 깁던 손이 약손이 될 수 없고
의료보험증인들 진료선이 될 수 없는
낭떠러지 끝에서 죽어서야 섬 떠나는
두미섬 아지매와 노대섬 총각의
한 맺힌 눈물 방울이 어느덧 배 되어
물길 따라 뭍으로 뭍으로 건너오는데
방파제 끝에 매달린 등댓불이
한달음에 달려나와 온몸으로 싸안는다

부리동이*까지
통영바다 69

욕지섬 처녀 쌀 서 말 먹고
통영 시내로 시집오면
밥술깨나 뜨는 집 딸이라고
얘기하던 시절이 얼마나 지났으며
때때마다 고구마 톳나물 밥으로
근근히 목숨 잇던 날들이 언제라고
하얀 쌀밥이 개 밥그릇 드나드노
오다가다 만나게 되는 쌀알이
물길 떠난 남정네 얼굴 대하듯 했는데
바람은 불어대고 뱃길은 끊어지고
부리동이까지 밑바닥 들나면
바다 가운데 갇힌 어버이들의 속마음을
누가 저울질할까
맥주도 싱겁고 팔팔담배맛도 싱겁다며
양주에 양담배에 입맛 들이는 섬마을

---

* 한 집안의 조상신을 모시는 옹기동이로 새 곡식을 담아 비상시에는 씨 종자나 구명식량으로도 이용함.

고기떼 몰아쥐던 망쟁이 조영감의
혀 차는 소리 밀물 되어 휘감긴다

떠다니는 울음
통영바다 70

노자산 산기슭
봄 기운 흠뻑 쐰 춘란이
새 소리 머금고
꽃망울 터뜨릴 때
무더기로 핀 동백꽃이
텅 빈 학교 운동장을 채우고 있다
툭 트인 바다 위로
그물 놓는 고깃배들과
해금강 찾는 유람선이
분주하게 드나드는데
선금 받고 바다에 나간 막내아들이
해를 넘겨도 돌아오지 않는다며
학동 몽돌밭에 나앉아
눈물로 돌탑을 쌓는 노모 앞에
요란스런 행락객들이 들쑤시고 다닌다
낱돈 몇 푼과 자가용 앞세우고
당산나무 둥치를 뿌리째 흔드는

저 매몰스러운 바람이
포구마다 밀어붙이니
패인 홈집 껴안고
속으로 흐느끼는 울음이
동동 떠다닌다

옥토 같은 바다라면
통영바다 71

한산도 문어포에 몰려온 멸치배를
어장막 텃밭에다 뿌리 내린 참깨꽃이
때가 되니 다시 만났다며 반기고 있다
옛날 같으면 그물질 한두 번에
실어나르고 삶고 말리기에
여름 해도 짧기만 했는데
장마 져도 썩힐 걱정없이
건조기로 말려내는 시설 갖추고도
멸치떼 찾아 온바다를 뒤져야 한다
하기사 멸치떼 키우고 모으는데
제대로 맘 한번 안겨준 적이나 있는지
너른 바닷속 물고기라고
먼저 챙기는 것이 임자인 체하겠지만
물려받고 물려줄 옥토 같은 바다라면
잡기만 하는 버릇에다 키워내는 버릇도
같이 배웠어야 옳은 일이제
한여름 밤하늘 못지않게

통영 밤바다 위에 펼쳐놓던 불배들의
그물 놓고 끌어올리던 날들을
지나간 이야기로만 묻어둘 수야 없제
에고 패고 수산물까지
수입해 들여놓은 이 마당에

도시 독버섯
통영바다 72

매일봉 끄트머리에 뙤약볕 내리고
물 그리운 칠팔월이 되면
객선머리에는 이곳저곳에서 모여드는
사람으로 붐비기 시작하고
섬배마다 낯선 얼굴들로 선실을 가득 채운다
좋아서 제 발로 찾아온 섬마을일 텐데
앉고 누웠던 자리마다
온갖 도시 독버섯을 피워놓고 가니
해마다 찾아오는 사람 막지는 못해
여름 한철 퍼뜩 지나가기만을 기다린다
섬에 사는 것도 서러운데
피서객들의 뒷시중까지 맡아야 하는 짜증 소리를
바닷바람 쐬며 알 여물어가는
키 큰 옥수수가 귀담아듣고 섰다

목덜미 잡힌 채
통영바다 73

파란 등대 붉은 등대 사이로
화약 내음 몸에 배인 짐배가
뱃길 따라 분주히 드나들 때
어느 것 하나 숨쉬지 않는 것 없어
쉽사리 손댈 수 없는 우리들 고향이
목덜미 잡힌 채 흔들리고 있다
마르지 않는 돌샘으로
구명대 같은 섬들이 돈뭉치로 불리어
투기의 손아귀에 갇혀서는
낮에는 낮대로 밤에는 밤대로
속살 뜯기고 토종 씨앗까지 죄다 털리고는
후줄근히 뱃머리에 나와 섰다
떠밀려 다닐 수 없는 영원한 우리 고향
통영바다 섬들이여

멈출 수 없는 내림
통영바다 74

통영 욕지 노대섬 노대분교
마당 멍석 서너 장 깔 만한 교정을
파도 소리와 염소 울음만이
차례로 지키고 있다
사방이 물이라
옴쭉달싹 못하던 애태움에 하도 질려
자식들만이라도 뭍으로 내보내
사람 구실 하게 만들려는 소망에
하나둘씩 빠져나가고
굳은 표정에 잡풀로 뒤덮인
책걸상과 교무실에 매달린 종이
눈에 익은 얼굴들을 떠올린다
선사 석기의 온기 자죽이
또롯이 뿌리 내려 있는 노대 땅
바닥나지 않는 바닷물과
섬 또한 떠내려가지 않는 한
살아나온 날 헤아리며 배 부리고
그물 깁는 내리내림은 멈출 수 없으리

새순 같은 얼굴들
통영바다 75

봄볕이
뱃길 위에 스며들고
물결 따라 참꽃이
활짝 피어오를 때

갯가 학교 마당에는
교문 나온 지
삼십여 년 만에
옹기종기 모인
묵은 얼굴들로 붐비고 있다

얻고 잃은 것과
내놓고 더 가질 것은 무엇인지
촘촘히 헤아려보는 손끝에
새로 모은 배 한 척이 와닿는다

바닷길 시달림보다

세상살이 시달림이
더 모질지만
딛고 뻗대며 헤쳐나가는 것이
사람 살아온 길이 아니던가

여기저기 사방에서
움터 오르는 저 새순
바로 우리들 그 얼굴이다

내 낚시 이늘 끝에도
통영바다 76

갯내음이 물씬
가로등을 에워싸는 밤

얼음공장 냉동실에는
온갖 어류들이 냉바람 쐬며
차곡히 쌓였고

윤삼월 그믐날
배꼽사리 물때 따라
해안도로와 어깨 맞추며
나란히 떠 있는 어선 갑판 위에
등대 불빛만이 잦아지고 있다

잔잔한 물 위로
밤새우며 주낙 놓는
부부의 손길이 정답기만 한데

내 낚시 이늘 끝에

남의 얘기로만 떠넘겨왔던 흰머리카락이

숨가쁘게 따라 올라올 줄이야

객지 입심에
통영바다 77

거룻배 한 척
열 자 넘는 갈퀴 하나 들쳐메고
새벽 물때 따라 나서더니

진종일 물밑으로 손 뻗어
조개 끌어모으는 어깨에
매운 갯바람이
허옇게 얹혀 있다

실파래 뭍으로 고개 내밀고
문주리 입질에 눌러앉아
고기비늘 헤아리는
낚시꾼 오지랖에
담배 연기가 절어 반질거린다

자고 새면 안고 보던 얼굴
다시 보기 힘들어져가고

객지 입심에 메말라가는
선창가 고깃배들을 보며
공주섬이 홀로 애달파한다

딸따니 예슬이
통영바다 78

꽃철이 후딱 지나간
유치원 마당에서

말구리 얼음바람 쫓아내고
한 알씩 한 알씩 품어온
검불그레한 포구알을

선물이라며 내놓는
예쁘고 슬기로운
여섯 살 연꽃반 예슬이

해거름 지나도록
거푸시하게 돌아다니다
들어서는 빈 배에
넘쳐나게 채워지는 새 세상

동글동글한 포구알이

새떼도 되고
복숭아도 되며
샛별도 되어 굴러다닌다

온누리 감싸는 동살이구나
갈깃머리 딸따니
통영바다 예슬이

내 얼레에
통영바다 79

포구나무 둥치 껴안고
지내는 까치집에
오래오래 걸어두었던 문어연이
내 얼레에 휘감기던 날

탱탱이 불어오는 연 바람에 실리어
천함산 능선을 오르내렸다

예전에는 토끼몰이 하던 발길이
이젠 되쫓기는 몰골되어
떠돌 줄이야

산 아래 장바닥에는
저녁 북새 속에
메기국 끓는 김이 솔솔 새나오고

얌생이 똥을 포구알이라고

주워먹던 손으로
뭍에서 나볏이 빠져나오는
객선 한 척을 살갑게 보듬는다

새벽별
통영바다 80

동짓달
알추위 깨물고 선
새벽별

어판장 고깃배
가로등 불빛 모아
물비늘 묻어나는
제 손금 내려다보고

저자 보러 나서는
장꾼들 껴입은 옷깃에
하나 둘
아침 북새 돋아난다

섣달 그믐날
통영바다 81

미륵산 갈대 끝에
눈 바람 맺혀 있고

섣달 그믐날
새터 시장이
들뜬 발길로 붐빌 때

부둣가 객선 이물 깃대엔
출항을 기다리며
집 떠났던 자식들의
매인 마음이 오르내리고 있다

섬이나 뭍이나
떠돌기는 매한가지

집집이 켜던 알전구 밑에
삼대 핏줄 의초롭게 모였고

윗목에 놓인 술병 보며
빙긋이 웃음 짓는 통영바다

해설·시인의 말

자본의 지구화와 진정한 지역성의 창출
김재용(문학평론가)

국가 사회주의 붕괴 후 전지구적으로 자본주의화가 진행되는 과정을 바라보면서 어느 한 지역의 문제도 더 이상 그 지역만의 것일 수 없기 때문에 전지구적 시각을 갖지 않으면 지금 여기에서의 삶을 제대로 파악하기 어렵다는 생각을 하게 된다. 아울러 세계화란 추상적 보편성 속에서 점점 획일화 되어가는 문화에 함몰되지 않기 위해서는 자신이 직접적으로 몸담고 있는 지역의 특성을 한층 더 강화시켜야 할 필요성을 느낀다. 얼핏 생각하면 양립이 불가능한 것처럼 생각되는 이 모순을 함께 안고 살아나가는 것이 오늘날의 우리 인류가 직면하고 있는 현실이며 특히 세계 자본주의의 반주변부에서 아직도 통일된 민족국가를 형성하고 있지 못한 채 살고 있는 한국인들에게 특히 절실하게 다가올 수밖에 없는 것이다. 그런 점에서 비록 서구에서 나오기는 했지만 '전지구적으로 생각하고 지역적으로 행동하라'는 구호는 오늘날 우리가 겪는 고민과 처방을 압축적으로 보여준 말인 듯싶다. 지구화 시대의 지역성 문제는 오늘날 한반도 안에서 살고 있는 모든 문학인들이 고민해야 할 문제이지만 특히 한반도 안에서도 서울 이외의 지역에 삶의 터전을 갖고 살아가고 있는 문학인들의 경우에는 특히 중요한 문제이다. 지역에서 살면서 문학활동을 하는 경우 지방성으로 떨어지기 일쑤이기 때문에 진정한 지역성을 구현하기 위해서는 고도의 긴장이 요구된다. 과거에는 우리 민족의 범위 내에서만 생각하고 그 속에서의 지역만 생각하면 되었지만(물론 이문제도 쉽지 않았지만) 이제 거기에 머물러서는 안 되고 초국가적 자본이 전세계의 모든 지역을 휩쓸고 있는 현실도 아울러 고려하면서 문학을 창작해야 하는 것이다. 결코 쉽지 않은 그러나 돌파해야 하는 이 과제의 짐을 가장 무겁게 느끼면서 작품을 쓰고 있는 것이 오늘 우리나라 지역 문학인들의 처지요 또한 사명이다.

　이런 힘든 작업을 마다하지 않고 즐겁게 지는 문학인들이 적지 않게 있지만 『통영바다』의 시인 최정규 역시 이러한 방향에서의 성취를 보여준 시인 중의 한 사람이다. 그는 한반도의 남단인 통영에서 태어나 군대생활을 빼놓고는 줄곧 거기서 살면서 시작활동을 한 사람인 만큼 그 지역에 대한 애정이 남다른 바 있고 또한 그의 시 대부분은 그곳에서 살면서 느낀 생활감정과 사상을 기반으로 하여 나왔다.

　실제로 통영에서는 근대 이후 여러 문학가들이 배출되었지만 그들은 통영이란 삶의 현장을 그 작품의 직접적 배경으로 삼지는 않았다. 통영 출신 시인인 유치환 이후의 몇몇 시인들의 작품 가운데는 통영의 체취가 묻어난 작품이 없는 것은 아니지만 삶의 현장으로서 작품에 들어온 것은 별로 없다. 대부분 그들은 지방성을 벗어나는 한 방도로 지역을 떠나는 방식을 택하고 거기에 충실하고자 하였던 것이다. 그럴 수밖에 없었던 것은 그 지역을 자신의 문학의 중요한 근거로 삼고 문학을 해서는 좀처럼 이 지방성을 벗어나기 어렵다는 판단이 들었기 때문이었을 것이다. 그런 점에서 그들의 선택은 나름의 의미를 충분히 가질 수 있었다.

　그러나 최정규는 다른 길을 택한 듯하다. 그것은 지역성을 근거로 하면서도 지방성에 머물지 않는 방법은 없을까 하는 물음에서 시작된다. 지역에 충실하다 보면 그 이외의 지역에 살고 있는 사람들에게는 울림이 엷어지거나 사라지게 되고, 이를 피해 보편적 삶에 집착하다 보면 이 지역의 특수성이 현저하게 사라져버려 공허하게 느껴지는 모순에 빠져들게 된다. 그렇기 때문에 이 절묘한 균형의 순

간에 서서 창작하였고 그럴 때 시가 생채를 띠었다. 이 미답의 길에서 그가 벌인 사투의 결실이 그의 두번째 시집인 『통영바다』에 고스란히 드러나 있다.

통영과 그곳 사람들의 사는 이야기를 담고 있는 이 시집의 3부와 4부를 보면 거기에는 낭만적 항구로서의 통영이 아니라 세계 자본주의와 맞물려 진행되고 있는 한국 자본주의가 엄연히 작동되고 그 속에서 자신의 생계를 꾸려 나가는 사람들의 삶의 터전으로서의 통영이 나온다. 바다에서 나온 물 좋은 생선들이 그곳 사람들의 입에 들어가기 전에 물차에 실려 도회로 외국으로 실려 나가고, 배를 타기 위해 집을 떠나 북양이나 동남아로 가야 하고, 개발 때문에 산천이 몰라보게 파괴되어 가는 시대의 흐름 속에서 살아가고 있는 사람들의 운명을 만난다. 그러기에 이들 작품에서 오늘날 통영이란 한 어업 지역에서 살아가는 사람들의 생생한 모습 속에서 한국 자본주의의 우울한 미래를 읽는 것이 결코 과장일 수만은 없을 것이다.

이러한 그의 특징은 그가 몸담고 살고 있는 통영에 그치는 것이 아니고 주변의 섬을 포함한 그 주변 지역에까지 미친다. 아마 그가 시집의 제목을 통영이라 하지 않고 통영바다라고 한 데는 여러 가지 이유가 있겠지만 이들 섬에 살고 있는 사람들의 이야기도 포함하고 있기에 그러한 것이 아닌가 생각될 정도로 이 시집의 5부는 바로 이들의 삶이 깊이 배어나는 작품들로 이루어져 있다.

통영을 비롯하여 주변 섬들에 살고 있는 사람들의 운명에 남다른 눈길을 주고 있는 그의 시세계는 1부와 2부에서 더욱 다양하게 나타나며 한층 이채를 발한다. 지역에 살고 있는 문학가들이 자칫 빠지기 쉬운 것 중의 하나가 역사의식의 결여이다. 자신의 지역에 대한 애정 즉 향토애가 그 지역의 역사를 전체 속에서 파악하는 것을 방해하게 되는 경우가 허다한데, 2부에 실린 작품들을 읽어보면 일제시대와 분단시대에서 어떤 상처를 입었으며 아직도 이것으로부터 자유롭지 못한 채 살고 있는가를 읽을 수 있다. 삶의 일상성 속에서 역사가 흐려져 가고 잊혀져 가는 것을 안타까운 마음으로 바라보는 시인의 시각에서 점점 탈역사의 망각의 늪으로 깊이 빠져들어 가는 90년대의 부박함을 거슬러 가는 시인의 지향을 읽을 수 있다. 과거를 과거로만 대하지 않고 현재와의 대화 속에서 읽어내려는 시인의 이러한 태도 역시 오늘날 한국자본주의의 무자비한 팽창 속에 깊숙이 편입되어 굴러가고 있는 이 지역의 운명과 자신의 삶을 결부시켜 살아가는 시인의 노력과 떼어놓고 생각할 수 없을 것이다.

자본의 지구화 속에서의 진정한 지역성의 모색을 가장

잘 보여주는 것은 단연 1부에 실린 시들이다. '청정해역'으로 이름 높던 통영의 앞바다가 오염되어 가는 과정을 바라보면서 쓴 이들 작품들은 시인이 제 삶의 터전에 충실하면서도 거기에 그치지 않고 나아가 오늘날 전 인류의 삶이라는 현실에 대해서까지 관심을 높이면서 자신의 생각을 끝없이 다듬어왔음을 잘 말해 준다. 전지구적 자본주의가 생태계를 끝없이 파괴해 오고 있음은 이제 특정한 사람들에 국한된 것이 아니고 많은 이들이 쉽게 알 수 있는 상식이 되어버린 지 오래다. 그러한 상식을 시인이 이들 작품에서 되풀이하는 것은 아니다. 그는 자신의 삶의 때가 묻어 있는 구석구석이, 한국의 그 어느 지역보다 깨끗하기에 미연방으로부터도 한때 보증을 받기도 했던 그러한 지역이, 서서히 진행되는 공해와 오염으로 인해 죽어가고 있고 이로 인해 삶의 터전이 심각하게 위협받고 있음을 예리하게 드러냄으로써 상식을 넘어서 큰 울림을 전해 준다. 이런 점 때문에 공허한 상식의 되풀이나 당위적 질타로 도배질 된 여타의 생태계시들과 다른 것이다. 이것은 그가 자라나 살고 있는 통영이 맑은 바다를 터전으로 어부들이 생선을 잡아 생계를 꾸려나가는 지역이라는 점에서도 기인하겠지만 현장의 생동한 목소리로 가득 차 있는 자기 지역에 충실하면서도 인간의 삶이라는 본질적 문제로 끌어올리려는 시인의 지칠 줄 모르는 노력과의 상승작용에서 비롯되었음을 알 수 있다. 이러한 성취는 시인이 걷고자 노력하였던 길 즉 지역에 뿌리를 내리고 살면서도 지방성에 함몰되지 않고 이를 넘어선 진정한 지역성을 찾으려는 시인의 지향이 거둔 결실이 아닌가 한다. 전지구적으로 생각하면서 지역적으로 행동하라는 구호를 염두에 두지 않고 살면서도 누구보다도 먼저 시로써 승화시키는 그의 튼실한 시세계가 미쁘기만 하다.

시집에 실린 작품들 중 통영 이외의 사람들에게 쉽게 전해지기 어려운 대목의 문제점을 극복한다면 중앙에서 멀리 떨어진 외로운 환경 속에서도 하루가 다르게 변하는 세파에 휩쓸리지 않고 묵묵히 걸어오고 있는 시인의 길이 지구시대의 지역문학이 나아가야 할 전형으로 꽃 필 수 있을 것으로 확신한다.

시인의 말

온갖 생명의 근원이 여기서 시작되고
인류소생의 마지막 보루로 자리하고 있는 통영은
끊임없이 가꾸고 지켜나가려는 의지와
노력 속에서만이 존재할 수 있는 생명체다.
이에 통영과 통영사람들의 갯바람 정서를
씨줄 날줄로 삼아 내 문학의 그물코를 뜨고 싶었다.

살아온 자기 발자국만큼 더도 덜도 없이
글로서 형상화 되는 것이 문학일진대 무슨 잔영조차
있을까마는 그래도 나의 목소리라고 자위하면서
한 제목 밑에 써온 여든 한 편의 글들을 모아
여덟 해 만에 두 번째 시집으로 엮어
머뭇거리며 내밀어본다.

나이 들어 갈수록 어떻게 살아야 제대로 사는 것인지
옳은 답 얻기가 어려워지는 세상에

"사람이 익으면 절로 시가 나온다"는 말의 씨앗이 어느새 자신을 떠받쳐주고 있다.

이 시집이 나오도록 애써주신 고마운 분들과 분단시대 우리 문학의 중심인 ㈜실천문학사에 감사드리고 지난 병자년 세밑에 돌아가신 나의 어머님께 이 시집을 바친다.

1997년 봄
통영갯가에서 최 정 규

실천시선 113
통영 바다

1997년 5월 1일 1판 1쇄 찍음
2009년 10월 15일 1판 2쇄 찍음
2017년 12월 26일 2판 1쇄 펴냄

지은이	최정규
펴낸이	윤한룡
편집	성유빈, 정미라
디자인	한시내
관리·영업	이승순, 박민지
펴낸곳	(주)실천문학
등록	10-1221호(1995.10.26)
주소	서울특별시 성북구 보문로 82-3, 801호(보문동 4가, 통광빌딩)
전화	322-2161~5
팩스	322-2166
홈페이지	www.silcheon.com

ⓒ 최정규, 1997
ISBN 978-89-392-3018-7

이 책 내용의 전부 또는 일부를 재사용하려면
반드시 지은이와 실천문학사 양측의 동의를 받아야 합니다.

이 도서의 국립중앙도서관 출판시도서목록(CIP)은 e-CIP홈페이지(http://www.nl.go.kr/ecip)와
국가자료공동목록시스템(http://www.nl.go.kr/kolisnet)에서 이용하실 수 있습니다.
(CIP제어번호:CIP2018000341)